Desbrest.

Te 163
 544

PROMENADE DE VICHY A CHATELDON.

PRÉCIS

Sur les Eaux Minérales de

CHATELDON,

PAR LE DOCTEUR DESBREST,

Médecin-Inspecteur des Eaux de Chateldon, membre correspondant de plusieurs sociétés savantes.

> Quicumque artem medicam integre
> adsequi velit aquarem facultates
> cognoscere debet.
> HIPPOC.

On se rend de *PARIS* à *CHATELDON*, par *VICHY*.

La route de Paris à Nîmes, dont les travaux sont entièrement achevés, passe devant Chateldon et rend la communication très facile et très prompte entre cette ville et Vichy.

1843.

PRÉCIS

Sur les Eaux Minérales de

CHATELDON.

PAR LE DOCTEUR DESBREST.

PROMENADE

DE

VICHY A CHATELDON.

Depuis un temps immémorial les eaux de Pyremont, de Seltz et de Spa jouissent en Allemagne d'une réputation méritée et attirent à leurs sources un grand concours de buveurs. Il existe cependant, au fond d'une riante vallée, entre Vichy et Thiers, une petite ville fort ancienne qui porte le nom de Chateldon, et dont les eaux minérales ne le cèdent en rien à ces eaux étrangères que nous allons chercher au loin, au prix de l'or.

Chateldon est situé à un myriamètre 1[2 de Vichy et à égale distance de Thiers, renommé par son commerce en coutellerie, ses anciennes papeteries et son site pittoresque.

Pour faire cette promenade, on choisit une belle journée; on part de Vichy au lever du soleil et on remonte la rive droite de l'Allier, en suivant la route de Paris à Nîmes, laissant à gauche la côte Saint-Amand. En poursuivant sa route, on traverse les villages d'Abrest, de Saint-Yorre et la Maison-Blanche, limite du département de l'Allier. A peu de distance de la Maison Blanche, et après avoir passé le second pont construit sur le Vauziron, on quitte la route de Thiers pour prendre, à main gauche, un grand chemin qui conduit directement à Chateldon.

A cent pas de la ville, en remontant le ruisseau qui baigne ses vieilles murailles, vous apercevez un bâtiment modeste, d'une structure moderne, au pied duquel viennent sourdre plusieurs fontaines minérales qui ont reçu le nom de sources des Vignes ou de l'Établissement. Ces eaux sont si limpides et si gazeuses; elles ont une saveur si piquante et si agréable que les étrangers en boivent toujours avec plaisir et s'y arrêtent un instant. Après avoir fait une visite à ces sources bienfaisantes, les curieux doivent s'enfoncer d'avantage dans la vallée, car c'est là que commencent les sites sauvages des bords du Vauziron, les belles prairies qu'il arrose et les bois taillis qui le bordent de chaque côté. En sortant de cette vallée profonde, et dès que vous avez atteint le sommet des montagnes voisines, vous avez sous vos yeux le tableau le plus magnifique et le plus varié. Vous voyez à vos pieds la petite ville de Chateldon avec son antique château, le Vauziron roulant ses eaux limpides à travers des rochers d'une hauteur prodigieuse; à gauche et derrière vous, se présentent les montagnes qui dominent la ville de Thiers, la chaîne du Forez, le roc de Saint-Vincent et le vieux Montoncelle couvert de sombres sapins et dont chaque site est l'objet d'une légende; en face, vous avez les châteaux de la Motte, de Chabannes, celui de Périger, Randan et ses bois touffus, la belle Limagne et le cours sinueux de l'Allier et de la Dore avec ses nombreuses îles plantées d'aulnes et de peupliers; dans le lointain, on découvre Clermont avec sa cathédrale, Riom et les nombreux villages qui l'avoisinent et au bout de l'horizon le Mont-d'Ore et les montagnes du Cantal; à l'ouest et au nord, la vue embrasse les collines des environs de Gannat et d'Aygueperse, les plaines du Bourbonnais, les hautes tours du château de Busset, le beau vignoble d'Abrest et la côte Saint-Amand.

Après avoir joui de ce beau spectacle et être redescendu dans le vallon, si le ciel est pur et serein, on profite des ombrages du Vauziron pour prendre un repas champêtre, ou bien on se rend dans un hôtel de Chateldon où l'on est presque toujours sûr d'y trouver des truites excellentes que le Vauziron fournit en abondance. On regagne ensuite Vichy et ses bruyans plaisirs. Cette promenade et retour peuvent se faire en moins de six heures (*).

(*) Pendant la saison des eaux, les voitures qui conduisent les Buveurs de Vichy à Randan, vont aussi à Chateldon.

PROMENADE DE VICHY A CHATELDON.

PRÉCIS
Sur les Eaux Minérales de

CHATELDON,

PAR LE DOCTEUR DESBREST,

Médecin-Inspecteur des Eaux de Chateldon, membre correspondant de plusieurs sociétés savantes.

> Quicumque artem medicam integrè
> adsequi velit aquarum facultates
> cognoscere debet.
> HIPPO.

Avant-Propos.

Les eaux minérales de Chateldon, dont la découverte est due à feu le docteur Desbrest, mon grand-père, intéressent si essentiellement l'humanité et la science ; les guérisons que ces eaux opèrent journellement, soit à leurs sources, soit dans les lieux où on les transporte ; les succès qu'elles obtiennent à Paris et dans les grandes villes du Royaume sont si bien établis, qu'en ma qualité de Médecin-Inspecteur, je crois devoir les signaler à l'attention de mes confrères et du public, comme un remède offert par la nature au traitement de beaucoup de maladies contre lesquelles l'art se montre si souvent impuissant.

Topographie de Chateldon.

Chateldon, chef-lieu de canton, est une petite ville du Puy-de-Dôme, arrondissement de Thiers. Elle est située au sud-est et à 42 myriamètres de Paris, à 6 myriamètres de Moulins, 3 de Riom, 4 de Clermont-Ferrand, 12 de Lyon, et enfin à 15 kilomètres de Vichy, si connu par ses eaux thermales.

Chateldon, placé à la chûte des montagnes, est environné de coteaux couverts de vignes qui produisent des vins excellents; au pied de ces coteaux commence une vallée pittoresque qui s'étend jusqu'à la rive droite de la Dore et de l'Allier, dont le sol fertile offre toutes les productions nécessaires à la vie. Le gibier, le poisson et les légumes de toutes espèces y abondent. L'air y est pur et tempéré, et le caractère des habitants répond aux heureuses qualités du pays; il est doux, affable et prévenant. La route de Paris à Nîmes, dont les travaux sont entièrement achevés, rend la communication très facile et très prompte entre cette ville et Vichy.

Propriétés Physiques des eaux de Chateldon.

Les eaux de Chateldon sont froides, limpides et gazeuses: elles ont une saveur piquante, aigrelette, agréable et un peu ferrugineuse. L'eau, examinée dans les sources dites des Vignes ou de l'Établissement, paraît être en ébullition continuelle. Les bulles qui sont produites par un dégagement de gaz acide carbonique viennent crever à la surface de l'eau et font entendre un bruissement incessant. On voit, au fond et sur les parois des bassins, un dépôt ocracé formé par un péroxide de fer.

Les sources de la Montagne, moins riches en gaz acide carbonique et en principes minéralisateurs que celles des Vignes, ou de l'Etablissement, supportent difficilement le transport et sont moins actives que les dernières.

La température des eaux minérales de Chateldon est inférieure à celle de l'atmosphère pendant la saison des eaux.

Propriétés Chimiques.

D'après une analyse des eaux de Chateldon, faite par ordre du gouvernement et présentée à la commission des eaux minérales, par MM. Boullay et O. Henri, le 21 novembre 1857, on trouve dans ces eaux un péroxide de fer, des carbonates de soude et de magnésie, des chlorures de sodium et de magnésium, des sulfates de soude et de chaux, une petite quantité de silice mêlée d'un peu d'alumine et une assez grande proportion de gaz acide carbonique.

C'est à cette heureuse combinaison de leurs principes que ces eaux salutaires doivent une grande partie de leurs vertus.

Analyse des Gaz des Eaux de Chateldon (Sources des Vignes ou de l'Établissement), par M. Chevallier.

La température de l'air étant de 15° centigrades, celle de l'eau des sources était à 10°. Les gaz qui se dégageaient des sources étaient formés d'acide carbonique presque pur. En effet, essayés à plusieurs reprises, ils ont fourni pour 100 parties :

  Acide carbonique. 99
  Résidu. 1

Le résidu, examiné à son tour, a été reconnu être composé, pour 100 parties :

  D'azote. 65
  Et d'oxigène. 35

Propriétés Médicinales.

Les eaux de Chateldon, comme toutes les eaux minérales, exercent une action stimulante sur tous nos organes, et leur effet immédiat est d'augmenter la rapidité et l'énergie de toutes les fonctions vitales. Elles aiguisent l'appétit et facilitent la digestion. Elles conviennent dans les vomissemens habituels, dans le dégoût, la tension de l'estomac, les flatuosités, et je ne connais pas de meilleur remède pour guérir les irritations nerveuses (gastro-entéralgies), et les phlegmasies chroniques (Gastro-entérites) de l'estomac et des intestins.

Comme elles sont chargées d'une assez grande quantité de gaz acide carbonique, et qu'elles passent avec la plus grande facilité par la voie des urines, on les emploie avec succès dans la néphrite calculeuse et dans la gravelle. Elles favorisent la descente des petits graviers qui se trouvent engagés dans les uretères et la dissolution ou l'expulsion de ceux qui sont renfermés dans la vessie ou dans le canal de l'urètre.

« L'expérience a prouvé que les boissons abondantes,
« surtout l'eau acido-carbonique et la magnésie pure
« étaient les remèdes les plus efficaces pour faire ces-
« ser la disposition calculeuse et rendre soluble le gra-
« vier qui aurait déjà pu se former dans celle où il serait
« composé d'acide urique (ce qui arrive le plus ordi-
« nairement). Nous croyons que ces médicaments agis-
« sent à la fois en facilitant la dissolution des petites
« concrétions et en modifiant les propriétés vitales des
« reins. » (*)

Indépendamment de ces propriétés, on doit regarder les eaux de Chateldon comme un excellent tonique : c'est à la présence du fer et à sa grande divisibilité qu'elles doivent cette propriété, ainsi que celle d'être un des plus doux et des plus sûrs apéritifs ; aussi les emploie-t-on avec le plus grand avantage dans les pâles couleurs, les fleurs blanches, le dérangement des règles, leur suppression, les pertes utérines et dans la plupart des maladies qui se manifestent chez les femmes à l'époque critique.

Les eaux de Chateldon réussissent très-bien dans les irritations nerveuses du tube digestif, dans les affections hystériques et hypocondriaques, dans les vapeurs qui dépendent surtout de la délicatesse et de la mobilité des nerfs, maladies dans lesquelles beaucoup d'eaux minérales sont contraires, par la propriété qu'elles ont de constiper ou de relacher trop fortement les malades

---

(*) Élémens de chimie de M. Orfila, tome 11 p^{es} 540 et 541.

et d'irriter ainsi la membrane muqueuse de l'estomac et des intestins.

Les eaux de Chateldon, appliquées extérieurement, et prises à l'intérieur, conviennent encore dans les maladies de la peau, particulièrement dans les rougeurs, couperoses, les dartres vives et farineuses, les démangeaisons, à la fin des érésypèles et des maladies vénériennes.

Ces eaux ont encore une propriété particulière qui doit en rendre l'usage précieux aux personnes du beau sexe ; elles facilitent la conception en remédiant aux dérangements qui surviennent dans les organes de la génération. Cette vertu, je le sais, on l'attribue à toutes les eaux minérales, mais aucune ne la possède à un plus haut degré que celles de Chateldon. (*) (**).

Mode d'administrer les eaux de Chateldon.

Les eaux de Chateldon, ainsi que toutes les eaux minérales, ont une plus grande énergie lorsqu'on les

---

(*) Voyez le traité des eaux de Chateldon, par feu le docteur Desbrest, conseiller du roi, ancien intendant de ces eaux minérales.

(**) *Nota.* J'emploie souvent avec les eaux, *les pastilles dites de Chateldon*, et je m'en trouve très bien dans ma pratique. Ces pastilles, préparées sous mes yeux avec les sels essentiels formant la base des eaux de Chateldon, par les soins de M. Bru, *pharmacien, à Cusset près Vichy*, conviennent plus particulièrement dans les maux d'estomac, les pâles couleurs, les fleurs blanches, la suppression des règles, leur irrégularité, les pertes utérines, et enfin dans toutes les maladies du tube digestif où l'atonie prédomine, dans celles ou le sang est plus ou moins dépourvu du principe de sa coloration.

boit sur les lieux, *dulcius ex ipso fonte bibuntur aquæ.* Néanmoins, elles supportent très bien le transport et se conservent pendant très longtemps sans perdre leurs vertus essentielles, bien différentes en cela de beaucoup d'eaux thermales qui se décomposent facilement et dont on ne retire de bons effets qu'en les prenant sur les lieux mêmes.

C'est principalement à l'intérieur que l'on fait usage des eaux de Chateldon. La dose ordinaire est d'une à deux pintes par jour, prises pures et à jeun et aux repas mêlées avec le vin. Il faut les boire froides ou légèrement dégourdies au Bain-Marie. Froides, elles sont plus salutaires et conviennent mieux aux estomacs faibles et paresseux. Si, après avoir mangé, on ressent des aigreurs, des pesanteurs, des gonflements à l'estomac un verre ou deux de ces eaux bues après le diner font disparaître tous ces accidents. On peut les prendre sans déranger son régime habituel et sans renoncer a l'usage des fruits et des légumes. Les personnes qui ont le système nerveux très irritable, et qui ont en même temps des douleurs un peu vives à l'estomac doivent, avant de les boire pures, les couper avec une légère infusion de tilleul ou de feuilles d'oranger. Elles s'allient également très-bien avec le lait. Il est même utile quelquefois de les mêler avec ce liquide, lorsque la poitrine est faible et délicate et qu'il y a de la toux.

Les eaux de Chateldon ne sont point un remède universel, mais on ne doit pas en redouter l'usage, et c'est surtout d'elles qu'on peut dire avec juste raison qu'elles guérissent quelquefois, soulagent souvent et consolent toujours.

On est si pleinement convaincu de l'efficacité des eaux de Chateldon pour conserver la santé qu'on en sert journellement sur les tables des personnes les plus distinguées. Les gourmets les mêlent avec un peu de vin et les préfèrent aux eaux artificielles de Seltz.

Les effets que les eaux de Chateldon produisent sont plus ou moins prompts, plus ou moins sensibles et dépendent de l'intensité de la maladie, de son ancienneté et de la constitution du malade. Dans les maladies de l'estomac et des intestins, les pâles couleurs, les fleurs blanches, le dérangement ou la suppression des règles, elles manifestent promptement leurs vertus bienfaisantes; mais si quelques malades n'en éprouvent pas des effets aussi prompts, aussi constants, c'est plutôt leur faute que celle du remède, car il y a telles maladies anciennes et opiniâtres pour lesquelles il convient d'en continuer l'usage pendant six mois et même davantage, tandis qu'un mois ou six semaines peuvent suffir dans une circonstance différente.

La saison la plus favorable pour aller prendre les eaux de Chateldon est depuis le 15 mai, jusqu'au 1er septembre. Pendant l'été, la température y est douce et constante et l'air y est pur et salutaire.

Le gouvernement qui, dans sa surveillance active, embrasse tous les intérêts publics, a nommé un médecin-inspecteur, dont le zèle et les soins empressés ne manqueront pas aux malades qui viendront aux sources de Chateldon pour suivre et diriger leur régime pendant la saison des eaux. (*)

COUP D'ŒIL
Sur les Eaux Minérales de Chateldon & sur celles des Célestins (Vichy).

L'Auvergne et le Bourbonnais sont les deux contrées de la France les plus riches en sources minérales, et plusieurs d'entre-elles attirent la foule autant par leurs beaux édifices, les distractions de tous genres qu'elles offrent et les relations sociales qu'elles procurent que par leurs propres vertus. Avant que l'on eût démontré l'influence des eaux de Vichy sur la nature de quelques sécrétions et particulièrement sur celle de l'urine, les eaux des Célestins étaient peu fréquentées, et si elles jouissent actuellement d'une plus grande vogue qu'autrefois, elles le doivent en grande partie aux belles recherches de M. Darcet.

Les eaux de Chateldon, quoique moins renommées que celles de Vichy, dont elles ne sont distantes que

---

(*) Il existe maintenant des communications journalières et faciles entre Vichy et Chateldon, de manière que les personnes qui fréquentent ces deux Etablissements, peuvent aller de l'un à l'autre dans l'espace de deux heures et jouir parconséquent des avantages que chacun d'eux peut offrir dans le traitement de leurs maladies.

de 15 kilomètres, sont cependant préférables à ces dernières dans une foule de cas, comme il me sera facile de le démontrer en faisant connaître les principes minéraux des unes et des autres et la différence de leur nature.

Propriétés physiques des eaux des Célestins.

L'eau des Célestins est froide, sans odeur ; elle a une saveur plutôt salée qu'aigrelette, et cette saveur est le caractère dominant de toutes les eaux minérales de Vichy. On voit quelques bulles de gaz acide-carbonique s'élever du fond des bassins où elles sont contenues, et, des sept sources qui font la richesse de Vichy, celle des Célestins est la moins abondante.

Propriétés Physiques des eaux de Chateldon.

Les eaux de Chateldon sont froides, limpides et gazeuses ; elles ont une saveur piquante, aigrelette, agréable et un peu ferrugineuse ; elles sont pétillantes et mousseuses. L'eau, examinée dans la source des Vignes ou de l'Établissement, paraît être en ébullition continuelle. Ces bulles, qui sont produites par un dégagement considérable de gaz acide-carbonique, viennent crever à la surface de l'eau et font entendre un bruissement remarquable. On voit un dépôt ocracé assez abondant au fond et sur les parois des bassins, et ce dépôt est un péroxide de fer. Le gaz acide carbonique contenu dans les eaux de Chateldon est très-pur ; il est beaucoup plus abondant que celui que renferment les eaux des Célestins et résiste davantage à l'évaporation.

Principes qui minéralisent les eaux des Célestins. (Vichy).

Les dernières analyses des eaux de Vichy, faites par des chimistes très-habiles, indiquent les mêmes substances dans l'eau de toutes les sources, et ces substances y sont à peu près dans les mêmes proportions. La matière la plus abondante dans les eaux de Vichy est le carbonate de soude ; c'est ce sel qui en fait en quelque sorte la base, et c'est à lui qu'elles doivent leurs principales propriétés.

Principes qui minéralisent les eaux de Chateldon.

On trouve dans ces eaux une substance martiale plus abondante que dans celles des Célestins, qui sont à peine ferrugineuses et une bien plus grande proportion de gaz acide carbonique d'une pureté vraiment remarquable ; Elles renferment également des carbonates de soude, de magnésie et c'est à l'heureuse combinaison de leurs principes qu'elles doivent leurs vertus (*).

Propriétés médicinales des eaux des Célestins et de celles de Chateldon.

La différence des principes qui minéralisent les eaux de Chateldon et celles des Célestins explique la différence qui doit exister dans leurs propriétés médicinales, car où il n'y a pas identité de principes, il ne doit

---

(*) *Primo autem in disquisitionem nostram veniunt quænam sint bonitatis et salubritatis aquarum notæ. Dicimus itaque, omnium optimas, præstantissimas et quæ efficaciam in medendo spondent longè exoptatissimam eas esse, quæ æthereo illo tenuissimo, elemento copiosiùs perfusæ, id est, quæ spirituosæ sunt.*

HOFF. DE ELEM. AQUA.

pas y avoir identité de résultats. Les premières, plus riches en gaz acide carbonique et en substances ferrugineuses, conviennent beaucoup mieux dans les pâles couleurs (chlorose), les fleurs blanches, l'impuissance virile produite par des débauches ou d'autres causes d'épuisement, dans le dérangement des règles, leur suppression, les pertes utérines abondantes, dans les gastro-entérites chroniques, les diarrhées atoniques, dans l'hypocondrie, l'hystérie, et dans toutes les irritations nerveuses de l'estomac et des intestins, (gastroentéralgies) qui sont ordinairement le partage des femmes sensibles et vaporeuses, des gens de lettres et de tous les hommes qui se livrent à la méditation et aux professions sédentaires.

Outre la supériorité marquée des eaux de Chateldon sur celles de Vichy, elles ont encore l'avantage d'être plus agréables au goût et de ne faire jamais de mal aux personnes qu'elles ne soulagent pas.

Les eaux des Célestins, à cause de la prédominance de leurs sels alcalins sont des eaux éminemment fondantes et altérantes et qu'on ne doit employer qu'avec la plus grande réserve dans les maladies asthéniques, dans celles où le sang est appauvri et a perdu son principe de coloration. Les eaux des Célestins, comme toutes celles de Vichy, réussissent, en général, beaucoup mieux que celles de Chateldon dans les engorgements chroniques du foie, de la rate, dans les obstructions du mésentère, du pancréas, pourvu toutefois que les tissus engorgés n'aient encore subi aucune dégénération et que l'estomac et les intestins ne soient pas le siège d'une irritation trop vive.

Tous les médecins qui ont écrit sur les propriétés médicinales des eaux de Vichy s'accordent à les regarder comme très propres à dissoudre la gravelle et un certain nombre de calculs urinaires. Cette vertu est incontestable et elle vient d'être confirmée de nos jours par un très grand nombre d'observations rédigées avec soin par le docteur Petit, médecin adjoint de ces eaux minérales.

Comme les eaux de Chateldon sont chargées d'une grande quantité de gaz acide-carbonique, qu'elles contiennent des bi-carbonates alcalins et qu'elles passent avec la plus grande facilité par la voie des urines, elles conviennent également dans les maladies des voies urinaires, et si ces eaux agissent avec moins d'énergie que celles des Célestins pour dissoudre certains calculs urinaires, elles ont l'avantage de ne pas fatiguer l'estomac des personnes qui ne peuvent supporter les dernières à des doses un peu élevées.

On doit interdire les eaux des Célestins (Vichy) aux malades chez lesquels on peut supposer de l'alcalescence dans les humeurs, à ceux qui ont la poitrine délicate ou qui ont une prédisposition à l'hydropisie. Elles sont également contraires aux femmes sensibles et vaporeuses, aux hommes chagrins, mélancoliques, inquiets, atteints de névroses des voies digestives, à cause de la propriété bien reconnue qu'elles ont de constiper ces malades aulieu de les relacher et que la constipation est le symptôme qui fatigue le plus les personnes qui ont des névroses des voies digestives, et auxquelles les délayans, les aqueux, les relachans, les eaux minérales froides, acidules et gazeuses conviennent beaucoup mieux.

PARALLÈLE
Des Eaux de Chateldon et de celles de Spa,
PAR RAULIN.

Généralité des Eaux de Spa et de celles de Chateldon.

« Les eaux de Spa et celles de Chateldon sont
« imbues des mêmes principes minéraux ; celles-ci
« sont plus riches que les autres ; elles en contiennent
« qui ne se trouvent pas dans les premières : ces
« principes propres aux eaux de Chateldon, donnent
« de l'étendue et de l'énergie à leurs propriétés, ce qui
« établit leur supériorité sur celles de Spa, dans les
« incommodités et les maladies auxquelles les unes et
« les autres peuvent convenir. Les eaux de Spa
« contiennent plus de substance ferrugineuse que celles
« de Chateldon, qui sont également martiales. Bien
« loin que ce soit un avantage pour les premières,
« c'est au contraire une forte raison pour établir la
« supériorité des eaux de Chateldon sur celles de Spa.
« Le célèbre Palissy, qui, vers le milieu du XVIe siècle,
« brillait à Paris de tout l'éclat d'une physique qu'il ne
« devait qu'aux lumières de la nature, disait dans ses
« leçons publiques que si les eaux de Spa avaient

« plus de réputation que d'autres de la même espèce ;
« ce n'était que parce qu'elles avaient été publiées les
« premières par les habitants du lieu.

« Les eaux de Spa méritent la célébrité qu'elles ont
« acquise ; les étrangers de tous les ordres qui se
« rendent à Spa, dans la belle saison, fournissent à la
« province l'agréable et l'utile : l'égalité qui règne
« parmi les personnes de tous les rangs, les agréments
« d'une société libre, le concours et la réunion des
« plaisirs, de l'exercice, des jeux et de tout ce qui est
« nécessaire à une vie délicate et séduisante y abonde
« sans réserve. N'est-ce pas à ces avantages que l'on
« doit la plus grande partie des vertus des eaux de
« Spa, qui sont inférieures à celles de Chateldon ? On
« le verra par le parallèle de leurs analyses, de leurs
« principes et de leurs propriétés. » (*)

RÉFLEXIONS.

Les eaux de Chateldon ont beaucoup d'analogie,
sans doute, avec les eaux de Spa, mais elles leur sont
supérieures en vertu, soit par la différence de combinaison
de leurs principes, soit à cause de la plus grande
quantité de gaz acide carbonique libre qu'elles
contiennent et qui leur donne cette saveur si piquante

(*) *Parallèle des Eaux minérales d'Allemagne et de France*,
par Raulin, ancien inspecteur général des eaux minérales du
royaume, (page 74).

et si agréable. (**) Un peu moins ferrugineuses que celles de Spa, elles conviennent beaucoup mieux lorsqu'il s'agit d'exercer une stimulation douce sur la membrane muqueuse des voies digestives, aussi les emploie-t-on avec plus d'avantage que ces dernières dans les névroses de l'estomac et des intestins.

Une considération qui n'est pas sans intérêt et que le public et les médecins ne laisseront pas échapper, c'est que les eaux de Spa nous viennent de la Belgique, tandis que celles de Chateldon sont situées au centre de la France. La situation des premières exige que leur transport soit confié à des étrangers. La proximité des eaux de Chateldon et la fidélité de leur expédition leur donneront toujours un avantage notoire sur celles de Spa; et nous saurons, je l'espère, user de nos propres richesses, sans nous rendre tributaires de l'étranger.

Moyens de se procurer les Eaux de Chateldon.

Depuis que la chimie s'est enrichie de nouvelles découvertes et qu'on s'est assuré qu'il entrait dans la composition de beaucoup d'eaux minérales une plus ou moins grande quantité de gaz acide-carbonique, on a cherché à imiter les eaux naturelles, pensant qu'on

---

(**) *Hæc delibatissima illorum pars et quasi anima est, quæ ipsis virtutem inspirat illam mirabilem et spectatissimam, quam in persanandis multis contumacissimis ac rebellibus morbis exerunt.*

HOFF. DE ELEM. AQUA, p. 135, § XVI.

avait sous la main les moyens d'en préparer de semblables.

Tout en reconnaissant l'utilité de la chimie dans ce genre de recherches, les médecins observateurs savent très bien que les procédés dont l'art se sert, en pareille circonstances sont fort inférieur, à ceux que la nature emploie dans ses opérations; et comme les eaux naturelles possèdent des propriétés occultes qui, comme disait Bordeu, échappent à tous nos moyens d'investigation, c'est de leurs sources que nous devons les tirer, lorsque nous ne pouvons nous rendre sur les lieux pour les boire.

Pour se procurer des eaux de Chateldon naturelles et très pures, il faut s'adresser directement à M. Desbrest, qui en est le médecin-inspecteur ou à M. Bru, pharmacien, seul cessionnaire des eaux de l'établissement de Chateldon. C'est à Cusset près Vichy qu'on doit leur écrire en affranchissant les lettres.

On peut aussi s'adresser pour les avoir sûrement et promptement:

A PARIS,

Chez M. Hottot-Chomel, pharmacien, rue du faubourg Saint-Honoré, 21;

Chez M. Favreux-Poulard, rue de Grenelle Saint-Honoré, n° 37;

Chez M. Salmon, rue des Arcis, n° 11;

Chez M. Boncompagne, rue Jean-Jacques-Rousseau, n° 20.

A LYON,

Chez M. Bernard, herboriste, place des Carmes, n° 5.

A ORLÉANS,

Chez M. Léon-Sélize Bigot, pharmacien-droguiste, rue Royale, 50.

A MOULINS,

Chez M. Perabon, successeur de M. Reignier, pharmacien.

A VICHY,

Chez MM. Bru et Cie, pharmaciens, seuls dépositaires des produits de l'établissement de Chateldon.

Nota. On expédie les eaux de Chateldon en caisses de 54, 42, 32, 28, 24, 16 et 12 bouteilles.

Cusset, imp. et lith. de Mme Jourdain.

www.ingramcontent.com/pod-product-compliance
Lightning Source LLC
Chambersburg PA
CBHW060635050426
42451CB00012B/2601